LA GRANDE IMAG

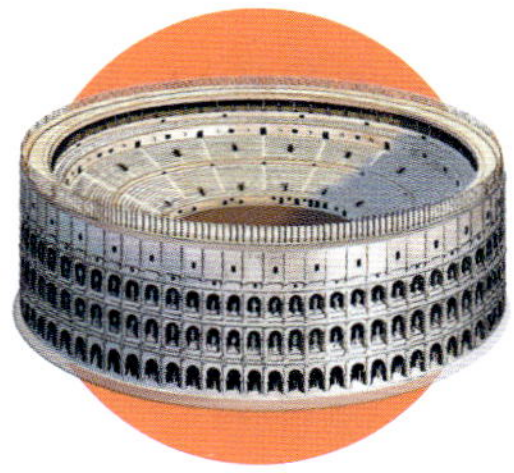

LES ROMAINS

TEXTES **SYLVIE DERAIME**
ILLUSTRATIONS **GIAMPIETRO COSTA (M.I.A)**

FLEURUS

ROME, ENTRE LÉGENDE ET HISTOIRE

Fondée au VIIIe siècle avant notre ère au centre de la péninsule italienne, dans la région du Latium, la ville de Rome va devenir en quelques siècles le cœur d'un immense empire, réunissant sous sa domination tous les territoires bordant la Méditerranée. Succombant aux invasions barbares, l'Empire romain d'Occident s'éteint en 476 après J.-C. Mais sept siècles ont suffi pour qu'il laisse aux Européens un important héritage, dont, en premier lieu, l'alphabet que nous utilisons encore aujourd'hui.

Les origines de Rome selon la légende...

Le poète Virgile et l'historien Tite-Live ont écrit la légende de Rome au Ier siècle avant J.-C. Ils placent à son origine Romulus et Remus, fils jumeaux du dieu Mars et de la princesse Rhea Silvia. Par leur naissance, Romulus et Remus sont destinés à régner sur Albe la Longue, une cité-État proche de Rome. Mais leur oncle, qui a usurpé le trône, ordonne de les faire jeter dans le Tibre. Ses serviteurs les abandonnent en fait sur la rive du fleuve, au pied du mont Palatin. Nourris par une louve puis recueillis par un berger, ils grandissent et décident de fonder une ville là où ils ont été sauvés. Incapables de s'entendre sur celui qui la dirigera, les deux frères s'opposent violemment. Romulus tue Remus et fonde la cité de Rome, dont il sera le premier roi.

Abandonnés au bord du Tibre, Romulus et Remus sont allaités par une louve. Cet animal est depuis devenu l'emblème de Rome.

... et selon les historiens

Les vestiges archéologiques qui ont été découverts montrent que Rome date bien du VIIIe siècle avant J.-C. Elle serait née du regroupement de plusieurs villages peuplés de Sabins et de Latins. L'histoire des débuts de Rome voit les Latins s'opposer ou s'associer au gré des nécessités à leurs voisins sabins, mais aussi aux Étrusques. Ce peuple du nord de l'Italie va en effet étendre sa domination jusqu'à Rome. Les historiens ont aussi mis en évidence l'influence exercée par les colonies grecques établies dans le sud de l'Italie, notamment à travers le commerce. En donnant des origines divines à Rome, les auteurs de la légende ont voulu rivaliser avec la puissante civilisation grecque et gommer le rôle des Étrusques, qui étaient considérés comme des ennemis des Romains.

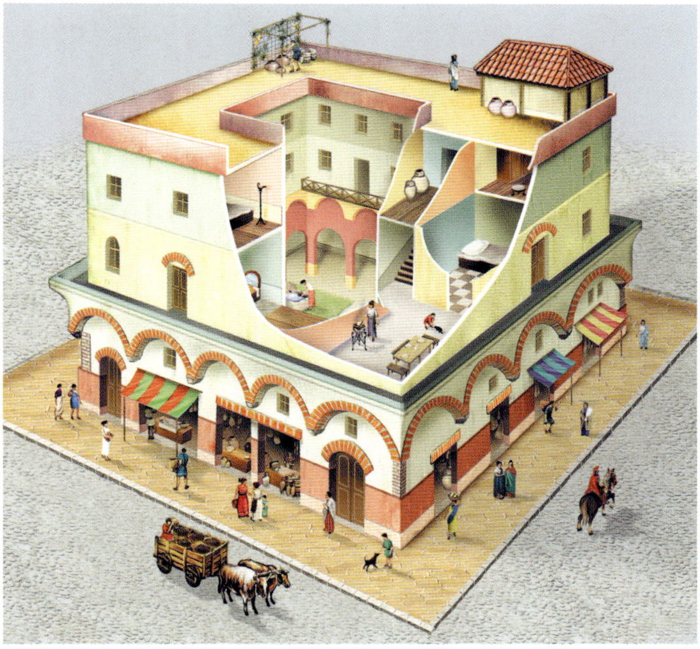

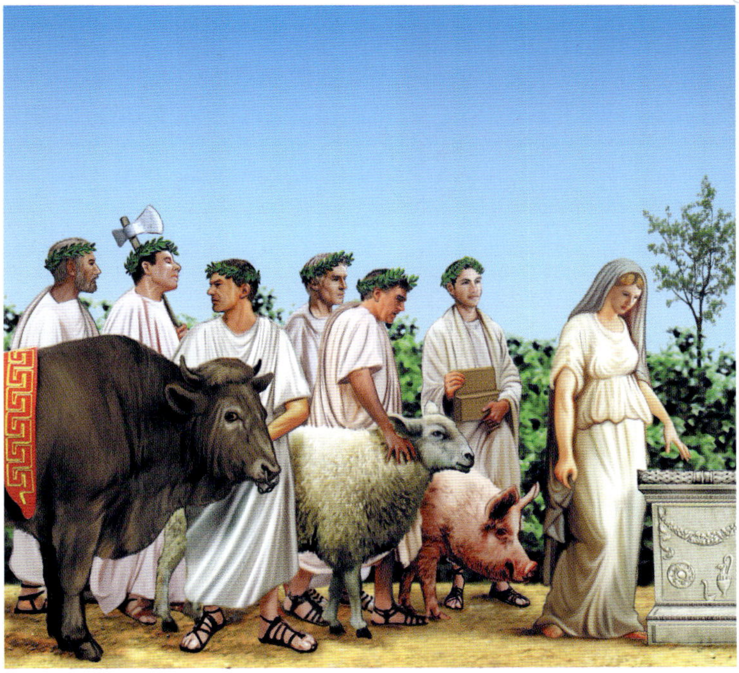

Un *thermopolium*, sorte de taverne où déjeuner

Jupiter : dieu des dieux et protecteur de l'Empire romain

Centurion de l'armée romaine

Un triomphe

Immeuble de ville appelé *insula*

Cérémonie religieuse : procession avec sacrifice

Gladiateurs dans l'arène de l'amphithéâtre

Une attaque menée
par les Romains

Buste de César

Citoyen romain votant sur
le Champ de Mars, à Rome

Un port de commerce

Construction d'une voie romaine

L'Empire romain en 117 après J.-C.

MARE GERMANICUM
Britannia
Germania Inferior
Germania Superior
Belgica
Lugdunensis
OCEANUS
Pannonia Superior
Pannonia Inferior
Raetia
Noricum
Aquitania
Alpes Poeniae
Alpes Cottiae
Alpes Maritimae
Narbonensis
Dalmatia
Dacia
Moesia Inferior
Moesia Superior
Empire Du Bosphore
PONTUS EUXINUS
Thracia
Tarraconensis
Corsica et Sardinia
Italia
Rome
Macedonia
Epirus
Bithynia et Pontus
Lusitania
Galatia
Cappadocia
Armenia
Asia
Baetica
Carthage
Sicilia
Cilicia
Lycia et Pamphylia
Assyria
Mesopotamia
Syria
Mauretania Caesariensis
Mauretania tingitana
MARE INTERNUM
Cyprus
Judea
Africa
Cyrenaica
Arabia
Aegyptus

Un emplacement stratégique

Rome se développe sur sept petites collines entourant une plaine marécageuse. Mais le site a des atouts : il se trouve au centre de l'actuelle Italie, à moins de 30 km de la mer Méditerranée et au bord du plus grand fleuve du pays, le Tibre, par lequel les marchandises sont acheminées de la mer vers l'intérieur du pays. De plus, à cet endroit, le fleuve est aisément franchissable grâce à un gué naturel (un passage plus étroit et moins profond). Sur sa rive droite se trouvent des marais salants, dont on tire du sel, très précieux dans l'Antiquité pour conserver la viande et le poisson et pour fixer la couleur des teintures.

LES ROIS ÉTRUSQUES

Dès le début de l'histoire de Rome, les cités étrusques se disputent sa domination. Trois rois étrusques vont faire de ce regroupement de villages une véritable ville. Tarquin l'Ancien, dont on situe le règne entre 616 et 578 avant J.-C., fait construire un égout long de 800 m, la *Cloaca maxima* (ci-dessous), qui va permettre d'assainir la plaine. La ville peut dès lors s'y étendre autour d'un forum, une grande place publique. On a coutume d'attribuer à son successeur, Servius Tullius, la construction de la première muraille entourant Rome. Tarquin le Superbe poursuit ces grands travaux. C'est sous son règne qu'est achevé le temple de Jupiter, sur la colline du Capitole.

Avant que Rome ne devienne une ville, elle n'est qu'un rassemblement de villages de bergers.

La Cloaca maxima était à l'origine un canal à ciel ouvert qui drainait les eaux des marécages vers le Tibre. Elle fut ensuite utilisée comme égout jusqu'à la Seconde Guerre mondiale.

Les sept collines qui surplombent le Tibre, à l'endroit où sera fondée Rome.

LA RÉPUBLIQUE

En 509 avant J.-C., les habitants de Rome renversent leur roi, Tarquin le Superbe, accusé de gouverner en tyran, et chassent les Étrusques. La République est instaurée. Le mot « république », qui vient du latin res publica (« chose publique »), signifie que le pouvoir est partagé entre les citoyens, les magistrats et le sénat, et n'est plus l'exclusivité d'un seul homme. Mais seuls les citoyens à part entière, qui ne forment qu'une petite partie de la population, peuvent réellement participer à la gestion des affaires collectives.

Qui est citoyen ?

Tout au long de l'histoire romaine, les femmes et les esclaves sont exclus de la citoyenneté. Au début de la République, seuls sont citoyens les hommes libres de Rome et du Latium, la région environnante. Et parmi les citoyens, seuls les patriciens (issus de familles anciennes et prestigieuses) ont des droits politiques. Les plébéiens, plus modestes, ne les obtiennent qu'au IIIe siècle avant J.-C. La citoyenneté sera élargie à tous les hommes libres d'Italie à partir de 88 avant J.-C.

Ces lettres inscrites sur les monuments romains signifient Senatus Populusque Romanus *(le sénat et le peuple romain) et rappellent que le pouvoir est partagé entre sénateurs et citoyens.*

Les citoyens élisent les magistrats en écrivant le nom du candidat choisi sur une tablette de cire. Pour le vote des lois, ils glissent dans l'urne une tablette marquée d'un « V » pour « oui » ou d'un « A » pour « non ».

Le rôle des citoyens

Les citoyens se réunissent chaque année en assemblées, les comices, pour élire les magistrats de Rome et voter les lois. Les citoyens sont répartis en centuries ou en tribus selon leur naissance et leur fortune. Les plus riches votent les premiers ; le vote est arrêté dès qu'une majorité est atteinte. En fait, les plus pauvres ne votent jamais.

Les esclaves : des non-citoyens

À Rome, les esclaves n'ont aucun droit et sont considérés comme des biens dont le maître peut disposer comme il l'entend. Au fur et à mesure des conquêtes, le nombre d'esclaves augmente, car ce sont pour la plupart des prisonniers de guerre. Ils exercent, pour le compte de leur maître, toutes sortes de métiers, d'ouvrier agricole à architecte. La condition d'esclave se transmet aux enfants. On ne peut s'en libérer qu'en étant affranchi par son maître.

Les affranchis

Ces anciens esclaves acquièrent la citoyenneté, mais ils ne peuvent être élus magistrats et ne peuvent servir dans l'armée. Leurs enfants jouiront en revanche de tous les droits politiques. Les affranchis travaillent le plus souvent pour leurs anciens maîtres mais s'établissent aussi parfois comme artisans ou commerçants.

LES MAGISTRATS

Sous la République, ce sont eux qui dirigent Rome au quotidien. Ils sont élus pour 1 an (18 mois pour les censeurs). Parmi les conditions pour être éligible, il faut avoir servi 10 ans dans l'armée et ne pas avoir été condamné par la justice. Les magistrats sont généralement des hommes riches, pour la plupart des patriciens. Pour accéder aux plus hautes fonctions, il faut gravir les différents échelons de la « carrière des honneurs ».

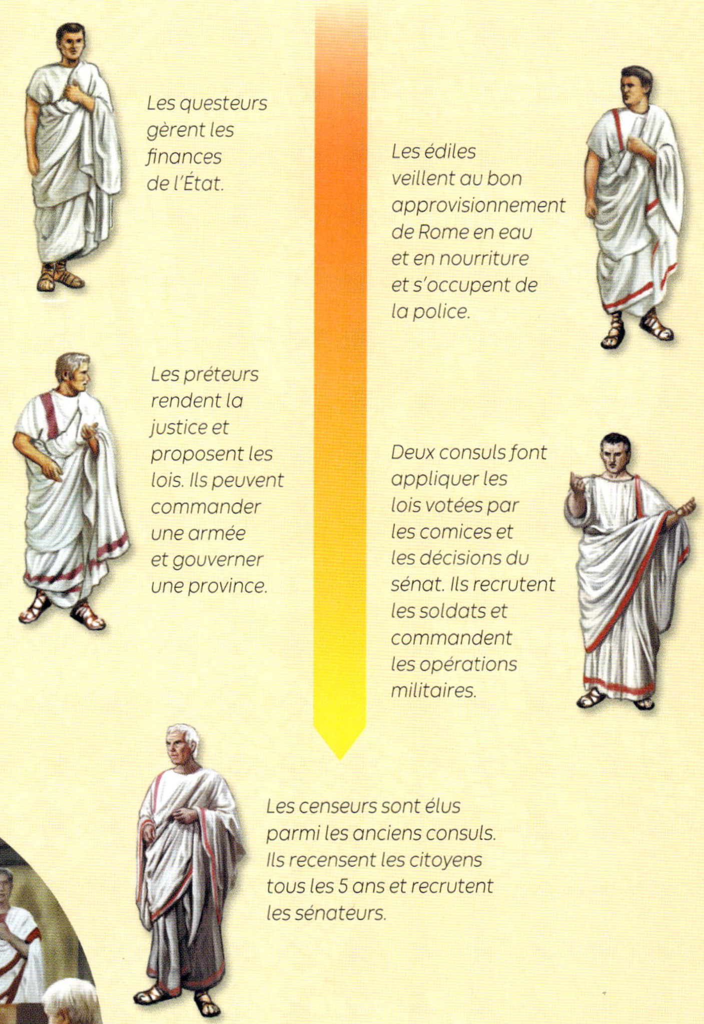

LE SÉNAT

Le sénat n'est composé que de patriciens jusqu'au IVe siècle avant J.-C. Ensuite, il s'ouvre aux plébéiens riches. Son rôle est majeur. Les sénateurs contrôlent les magistrats, sont consultés sur tous les projets de loi, les impôts, les affaires concernant la religion, et décident de la politique étrangère : déclarer la guerre, signer la paix...

L'EMPIRE

Au Ier siècle avant J.-C., la République romaine est affaiblie par des conflits entre généraux rivaux, comme César et Pompée, que leurs conquêtes militaires ont rendus très puissants. La République prend fin en 27 avant J.-C., quand Octave établit un régime impérial. Sous l'Empire, les inégalités de rangs dans la société subsistent. Toutefois, en 212 après J.-C., la citoyenneté est élargie à tous les hommes libres des provinces conquises, et des affranchis occupent de hautes fonctions administratives. En réalité, les citoyens ont perdu tout pouvoir politique ; l'empereur règne seul.

Jules César

Né dans une famille patricienne vers 100 avant J.-C., Jules César entame une carrière militaire à l'âge de 19 ans. À 31 ans, il choisit la voie de la magistrature et devient questeur. 10 ans plus tard il est élu consul. En 58 avant J.-C., passé proconsul (qui gouverne une province) en Gaule romaine, il se lance à la conquête du reste de la Gaule et la soumet en 52 avant J.-C. Souhaitant tirer parti de sa gloire militaire pour se faire réélire consul, il est gêné par un autre général ambitieux, Pompée, qui s'oppose à lui. Une guerre civile éclate. Victorieux, César impose sa dictature en 49 avant J.-C. Il se fait nommer dictateur à vie par le sénat en février 44 avant J.-C. Dénonçant le retour au pouvoir d'un seul homme, des sénateurs l'assassinent le mois suivant.

Octave, appelé Auguste

L'assassinat de Jules César

Octave

Après l'assassinat de César, une nouvelle guerre civile éclate entre son fils adoptif, Octave, et son rival, Antoine, un autre grand général romain. Vainqueur, Octave obtient du sénat, en 27 avant J.-C., le titre d'Auguste, « élu des dieux », et de *Princeps*, premier des citoyens. Bien qu'il maintienne les institutions en place, Octave est le seul maître du nouveau régime, le principat, appelé plus souvent Empire.

Les pouvoirs de l'empereur

L'empereur retire tout pouvoir aux comices citoyens. Il nomme les magistrats et les sénateurs, propose les lois, que les sénateurs approuvent toujours. Il dispose comme il l'entend du Trésor impérial (les richesses amassées par l'État) et peut juger et rejuger tous les procès. Le titre d'*Imperator* le désigne comme chef de l'armée : il nomme les généraux et commande les légions romaines lors des guerres. Enfin, il est aussi *Pontifex maximus*, c'est-à-dire chef de la religion romaine. L'empereur choisit son successeur au sein de sa famille. Ainsi vont se suivre des dynasties impériales, comme les Julio-Claudiens, d'Auguste à Néron (54-68 après J.-C.), ou les Sévères, de 193 à 235.

Le triomphe

Les grandes victoires militaires sont célébrées par un triomphe. L'empereur, assimilé pour l'occasion au dieu Jupiter, parcourt Rome en procession jusqu'au Capitole, où se trouve le temple dédié à cette divinité. Dans le cortège défilent les sénateurs, la famille impériale, des soldats présentant le butin et les chefs ennemis faits prisonniers. Sous la République, tout général vainqueur pouvait être récompensé par cette cérémonie. Sous l'Empire, elle est réservée au seul empereur.

LA FIN DE L'EMPIRE ROMAIN

Au IIIe siècle après J.-C., l'Empire romain est gravement affaibli par des conflits politiques incessants et par les invasions des peuples « barbares » (nom donné par les Romains à ceux qui ne sont pas intégrés à leur civilisation). En 395, l'Empire est définitivement partagé en deux : un empereur régnera depuis Rome sur les territoires de l'Ouest, l'Empire romain d'Occident ; un autre veillera depuis Constantinople (l'actuelle Istanbul, en Turquie) sur les territoires de l'Est, l'Empire romain d'Orient. Au Ve siècle, les peuples germaniques envahissent peu à peu l'Empire romain d'Occident. Celui-ci prend fin en 476, lorsque Romulus Augustule, jeune empereur âgé de 10 ans, est renversé par un de ces peuples : les Hérules. L'Empire romain d'Orient survivra jusqu'en 1453, date à laquelle il tombe aux mains des Turcs ottomans.

UNE ARMÉE CONQUÉRANTE

L'armée est un élément clé de la puissance de Rome. Une fois toute la péninsule italienne soumise, au IIIe siècle avant J.-C., les légions romaines vont conquérir un immense empire autour de la Méditerranée. Leurs victoires rejaillissent sur les généraux qui les commandent : le succès militaire ouvre souvent les portes du pouvoir. La Rome impériale aligne entre 25 et 33 légions de 6 000 hommes chacune, auxquelles s'ajoutent de nombreux auxiliaires, recrutés parmi les peuples vaincus.

Qui sont les légionnaires ?

Dans les premiers temps, Rome lève une armée pour chaque conflit. Tous les citoyens romains de 17 à 60 ans peuvent être appelés à combattre. Puis, en 107 avant J.-C., l'armée romaine devient professionnelle et permanente. Beaucoup de citoyens pauvres s'engagent alors pour percevoir la solde de légionnaire. Sous l'Empire, les légions s'ouvrent aux provinciaux, qui peuvent ainsi obtenir la citoyenneté. Au terme d'un engagement de 20 ans, les légionnaires reçoivent de l'argent et souvent un terrain pour s'installer.

Les légionnaires établissent un camp.

La dure vie du légionnaire

Quand l'armée romaine est en marche, le légionnaire peut parcourir plusieurs dizaines de kilomètres par jour. En plus de son équipement de combattant, il porte un bagage pesant de 30 à 35 kg, comprenant notamment des vivres, une gourde et une gamelle, et les outils nécessaires pour édifier un camp. Sa ration quotidienne est frugale : du pain, un peu de lard, parfois des légumes secs, du fromage, et du vin mélangé à de l'eau. Quant à la discipline, elle est très stricte. Oublier un mot de passe peut exposer à une amende ou une bastonnade (être battu à coups de bâton). Faire preuve de lâcheté au combat peut être puni de mort ! Les actes de bravoure, eux, sont récompensés par des médaillons, couronnes...

Les troupes auxiliaires

Dès la fin du Ve siècle avant J.-C., l'armée romaine se renforce de mercenaires étrangers habiles à la guerre, comme les archers de Crète. Au fur et à mesure des conquêtes, les Romains recrutent de plus en plus d'auxiliaires. Ceux-ci combattent à pied ou font partie de la cavalerie, chargée de protéger le gros de l'armée pendant les marches et les combats et de harceler l'ennemi en retraite.

L'art du siège

Les Romains utilisent de puissantes machines de siège : catapultes ou balistes lancent des projectiles, tandis que les légionnaires avancent à l'abri de tours d'assaut en bois couvertes de peaux les protégeant du feu. Les uns creusent des souterrains pour saper les fortifications ennemies, quand d'autres enfoncent les portes avec de lourds béliers de bois munis d'une tête en fer.

Les camps romains

Les légionnaires en campagne construisent des camps fortifiés pour des étapes plus ou moins longues. Les soldats creusent d'abord un fossé large de 4 m et profond de 3 m (voir page de gauche). La terre enlevée sert à élever, à l'arrière du fossé, un talus sur lequel sont dressées des palissades en bois. Plusieurs tours permettent de surveiller l'ensemble.

Les succès de l'armée romaine sont dus en grande partie à la bonne formation des soldats, ainsi qu'à une organisation et à une discipline extrêmement strictes, souvent très supérieures à celles des armées ennemies.

L'EMPIRE ET SES RICHESSES

L'Empire romain réunit sous sa domination des populations très diverses, qui ne connaîtront jamais plus une telle unité. Les conquêtes, commencées au IIe siècle avant J.-C., sont achevées pour l'essentiel vers 50 avant J.-C. Elles laissent place à la paix romaine, la Pax Romana, une période de prospérité pour les provinces conquises mais aussi, et surtout, pour Rome. Tandis que la culture romaine se diffuse dans les provinces, le mode de vie des Romains se trouve transformé.

L'expansion de l'Empire romain

Rome entame son expansion hors de l'Italie au IIe siècle avant J.-C., après trois guerres appelées guerres puniques, gagnées contre Carthage, alors la principale puissance en Méditerranée. Les Romains conquièrent peu à peu tout le pourtour du bassin méditerranéen. Leur soif de richesses et de puissance les mène loin au Proche-Orient, au sud-est, et en Europe, au nord-ouest, où ils soumettent la Gaule et une partie des îles Britanniques. L'Empire romain atteint son extension maximale sous le règne de Trajan, de 98 à 117 après J.-C.

Les mines

Rome tire les métaux dont elle a besoin des mines de son Empire, qui sont la propriété de l'État. Condamnés et esclaves y travaillent dans des conditions très pénibles. À partir du Ier siècle, ce sont surtout les mines de la Gaule et de l'actuelle Espagne qui fournissent l'or, le plomb, le fer et l'étain transformés et travaillés en Italie.

Tous les produits arrivent à Rome

Les provinces conquises versent un impôt à Rome mais assurent aussi son approvisionnement. Dans le port d'Ostie, à l'embouchure du Tibre, près de Rome, de gros navires débarquent le blé d'Égypte et d'Afrique du Nord. Il y en a tant que l'empereur peut le faire distribuer gratuitement aux citoyens de Rome. Le commerce avec l'Orient est intense. De Chine vient de la soie, d'Arabie des parfums, d'Afrique de l'ivoire et de la Baltique de l'ambre (résine naturelle précieuse). L'Empire fournit également des milliers d'esclaves qui travaillent souvent à la place des citoyens romains dans les champs et les ateliers.

Les pièces romaines en bronze, en argent et en or, à l'effigie de l'empereur, circulent dans tout l'Empire.

Carte de l'Empire romain en 117 après J.-C., au maximum de son expansion.

La défense des frontières

Pour défendre l'Empire contre les « barbares », (tous ceux qui sont extérieurs à cet Empire), les empereurs font édifier le limes, un réseau de petits forts bâtis sur les frontières, où stationnent les légions romaines. Ces fortins sont reliés entre eux soit par des barrières naturelles, un fleuve par exemple, soit par un mur ou un talus bordé d'un fossé aménagé par les soldats. Partout dans les provinces conquises, l'armée établit aussi des cantonnements permanents : de petites villes romaines, avec leurs boutiques, leurs thermes, leurs lieux de spectacles. Cette présence militaire diffuse ainsi le mode de vie romain.

Les voies romaines

Au IVe siècle, 29 grandes routes convergent des grandes cités provinciales et italiennes vers Rome. Elles ont été construites par les légions pour faciliter les déplacements militaires, mais elles favorisent aussi la circulation des marchandises. Les chariots roulent mieux sur ces voies larges, plates et recouvertes de dalles, que sur les routes en terre battue. Mais aucune route n'est très sûre, pas plus que les auberges peu confortables qui accueillent voyageurs et marchands. Il n'est pas rare que ceux-ci soient dévalisés par des bandits !

Ingénieurs exceptionnels, les Romains construisent des routes formées de plusieurs couches de matériaux. Elles sont aussi conçues pour que les eaux de pluie s'écoulent sur les bas-côtés.

DES BÂTISSEURS

Empruntant aux autres peuples tels que les Grecs et les Mésopotamiens et développant eux-mêmes de nouvelles techniques de construction, les Romains parviennent à réaliser des édifices exceptionnels. L'architecture est l'art majeur. En témoignent de nombreux monuments encore debout aujourd'hui, en Italie comme dans les anciennes provinces de l'Empire. Les statues, les mosaïques, les fresques colorées et les sculptures viennent s'ajouter et embellir les maisons, palais et bâtiments publics, de même que les jardins harmonieux.

Le Colisée

Ce monument de Rome commencé vers l'an 70 sur ordre de l'empereur Vespasien et achevé en 80 sous Titus, est le plus grand amphithéâtre du monde antique. Entre 50 000 et 75 000 spectateurs peuvent prendre place sur les quatre niveaux de gradins montant jusqu'à 48 m de hauteur. L'arène, au centre, est aussi grande que 8 terrains de basket !

L'arc et le dôme

Aux lignes droites et massives des monuments grecs, les Romains substituent peu à peu des lignes courbes et légères grâce au perfectionnement de la technique de l'arche, apprise des Mésopotamiens. En assemblant plusieurs arches, les Romains réalisent des dômes couvrant de vastes espaces vides.

La coupole

Le dôme

Sans égal jusqu'au XIXe siècle, le dôme du Panthéon de Rome mesure 44 m de diamètre à sa base et culmine à 44 m de hauteur.

De grandioses théâtres

Les Romains ont bâti dans tout l'empire de somptueux théâtres. Celui d'Orange, dans le sud de la France, est l'un des plus grands. Construit sous le règne d'Auguste, entre 10 et 25 après J.-C., il a accueilli des représentations théâtrales jusqu'en 391. Il fut rénové au XIXe siècle. On y donne aujourd'hui des opéras.

Le théâtre d'Orange a conservé son immense mur de scène, long de 103 m.

Le *Circus maximus*

Les gradins du « très grand cirque », où se déroulent les courses de chars à Rome, peuvent accueillir au IVe siècle jusqu'à 385 000 spectateurs ! L'extérieur de l'édifice, construit autour d'une piste longue de 568 m, est entièrement couvert de marbre.

Le pont du Gard

Se dressant dans le sud de la France, ce pont est en fait un tronçon d'un des nombreux aqueducs construits par les Romains pour approvisionner les villes en eau. Celui-ci alimente alors Nîmes. Le pont, haut de 49 m et long de 275 m, compte 64 arches en pierre, réparties sur trois niveaux. Comme tous les monuments qui ne sont pas en marbre, il est, au temps des Romains, entièrement peint… en rouge !

La colonne Trajane

Cette colonne creuse, en marbre, haute de plus de 40 m, se dresse sur le forum de Trajan, dans Rome. Des bas-reliefs s'enroulant en spirale racontent les victoires remportées par l'empereur du même nom au début du IIe siècle, à la manière d'une bande dessinée sculptée, longue de 200 m. On y dénombre plus de 2 500 personnages !

L'AGRICULTURE

Les premiers Romains sont des paysans qui élèvent des animaux et cultivent le blé, la vigne et l'olivier sur de petites exploitations familiales. Mais les conquêtes appauvrissent les agriculteurs romains : ils subissent notamment la concurrence du blé d'Égypte et d'Afrique du Nord, moins cher. Beaucoup quittent alors la campagne pour la ville, vendant leurs terres aux propriétaires les plus riches. De grands domaines se constituent dans tout l'Empire romain, dont l'économie demeure principalement agricole.

La *villa*

La *villa* est au centre du domaine. Autour d'une vaste cour se répartissent l'habitation du propriétaire, les logements des esclaves et les bâtiments agricoles. Ceux-ci comprennent des greniers, des écuries, des étables et des dépendances où l'on stocke les outils. Ils peuvent aussi abriter un pressoir à olives ou à raisins, bien que les grappes soient le plus souvent foulées aux pieds dans une grande cuve. La partie réservée à l'habitation est souvent richement décorée.

Ouvriers agricoles et esclaves

Les grands domaines emploient comme ouvriers agricoles des paysans ruinés, mais ils font surtout travailler des esclaves qui se comptent parfois par centaines. Tous ceux qui sont employés sur un domaine obéissent à un intendant, un esclave de confiance du propriétaire. Ce dernier préfère en général habiter en ville et ne vient que de temps en temps dans sa ferme, la *villa*.

Le travail agricole est pénible, car les outils sont rudimentaires. Les moissons se font encore souvent à la faucille. La moissonneuse gauloise, une caisse en bois munie de dents, reste peu utilisée.

À qui appartiennent les terres ?

Au gré de ses conquêtes, l'État romain s'empare de vastes terres hors d'Italie. Il en distribue certaines aux soldats ayant terminé leur service. D'autres sont laissées à leurs propriétaires en contrepartie d'un loyer ou à des paysans venus d'Italie, des « colons ». Sous l'Empire, les grands propriétaires agricoles italiens préfèrent souvent louer leurs terres plutôt que de les faire cultiver par des esclaves et intendants qu'il faut payer et nourrir.

Cultures spécialisées

Si les petits paysans cultivent un peu de tout, les grands domaines se spécialisent dans des productions destinées à la vente. En Italie, les champs de blé reculent au profit des vignobles et des oliveraies, qui assurent de meilleurs revenus. Les Romains introduisent la culture de la vigne dans le sud de la Gaule, tandis que les oliviers se répandent en Espagne. Très habiles dans les techniques de greffe des arbres fruitiers, les Romains acclimatent des espèces originaires d'Asie, comme le cerisier et le cédratier, ancêtre du citronnier.

Un élevage adapté

L'élevage occupe une place importante. Bœufs, ânes et chevaux sont surtout élevés comme animaux de trait. Les moutons fournissent de la viande et de la laine. La Gaule romaine s'est fait une spécialité de la charcuterie à base de viande de porc. Pour satisfaire la demande des citadins, les grands propriétaires italiens développent les élevages de volailles et de pigeons gras, ainsi que de poissons à partir du IIe siècle. L'apiculture fournit le miel, qui sucre tous les mets et à partir duquel on élabore une boisson alcoolisée appréciée : l'hydromel.

HABITER EN VILLE

Rome, devenue le centre du monde romain, sert de modèle pour les villes de province. Mais derrière la splendeur de ses édifices publics et des immenses parcs, qui occupent le quart de sa superficie, se cachent des rues tortueuses et bondées. Durant les deux derniers siècles avant J.-C., la population de la capitale est multipliée par cinq, pour atteindre un million d'habitants. Aux habitants des provinces conquises réduits en esclavage sont venus s'ajouter des paysans italiens que leurs terres ne nourrissent plus, ou que les richesses des villes attirent.

Les *insulae*

À partir du IIe siècle avant J.-C., la population, de plus en plus nombreuse, est logée dans des immeubles appelés *insulae*. Si les premiers étages sont en pierre ou en brique, les suivants sont en bois et en torchis (de l'argile mélangée à de la paille). Ils comptent souvent cinq étages, parfois dix, et il n'est pas rare qu'ils s'écroulent. Plus on monte dans les étages et plus les appartements sont petits et bondés. Les loyers sont élevés, bien que ces logements n'aient ni eau courante ni chauffage. L'hiver, les volets de bois rabattus sur les fenêtres sans vitres n'empêchent pas le froid de passer.

Ne disposant pas d'eau courante dans les insulae, les Romaines viennent chercher l'eau aux nombreuses fontaines.

Le rez-de-chaussée des insulae est occupé par de petits commerces d'alimentation, de tissus, de poteries...

Des incendies ravageurs

Les habitants des *insulae* s'éclairent avec des lampes à huile, cuisinent sur des fourneaux portatifs et se chauffent avec des braseros (des récipients sur pieds dans lesquels on allume un feu). Qu'un de ces types de foyers se renverse et c'est tout l'immeuble qui s'embrase ! L'incendie peut également gagner rapidement les bâtiments alentour, en partie en bois et serrés les uns contre les autres.

Dans la nuit du 18 juillet 64, un immense incendie détruisit trois quartiers de Rome.

UN REPAS SUR LE POUCE

Beaucoup d'habitants de Rome prennent leurs repas dans des tavernes ou des *thermopoliae*, des comptoirs ouverts sur la rue. La base de leur alimentation est constituée de pain, d'olives, de haricots, de lentilles et d'un peu de viande. Sous l'Empire, des distributions alimentaires sont organisées pour les citoyens les plus démunis. Certains reçoivent de la nourriture de leur patron, un riche Romain qui les aide en échange de leurs votes.

Des bâtons terminés par une éponge servent à s'essuyer.

Demeures de riches

Les Romains les plus aisés habitent, en ville, une vaste *domus*. Elle s'organise autour d'un *atrium* (1), un espace rafraîchi par un bassin central à ciel ouvert et prolongé par un jardin (2). Les pièces sont peu meublées : les Romains se contentent de lits, de banquettes et de tables basses pour les repas, ainsi que de quelques coffres et armoires. Ces demeures sont généralement chauffées par le sol grâce à un ingénieux système : des esclaves alimentent en bois ou en charbon de bois des chaudières qui distribuent de l'air chaud par un réseau de canalisations parcourant la *domus*. Ces maisons sont le plus souvent raccordées à l'eau par des systèmes de plomberie reliés à des réservoirs ou à des points d'eau.

DE L'EAU POUR TOUS LES USAGES

La plupart des Romains vont s'approvisionner en eau aux fontaines. À partir du IIe siècle avant J.-C., ils découvrent de nouvelles habitudes de propreté, empruntées aux Grecs, et vont se laver dans des établissements de bains publics, qui se développent peu à peu. Les Romains doivent aussi descendre dans la rue pour se rendre aux latrines, des toilettes publiques où l'on s'assoit côte à côte, sans séparation, et où l'on peut se soulager tout en discutant.

LA FAMILLE

Toute l'existence des citoyens romains se déroule dans le cadre de la cité, d'une part, et de la familia, d'autre part. Ce mot désigne un peu plus que la famille que nous connaissons ; il englobe tous ceux qui vivent dans la maison : parents, enfants, petits-enfants, esclaves et même affranchis restés auprès de leur ancien maître. Tous sont sous l'autorité du père de famille. C'est dans le cadre de la familia *que se déroulent les principaux événements de la vie d'un Romain et les rites qui s'y rapportent.*

Une éducation romaine

Les enfants sont traditionnellement élevés par leur mère jusqu'à l'âge de 7 ans. Dans les familles riches, cependant, les bébés sont souvent allaités par des nourrices et les jeunes enfants sont confiés à des esclaves. À 7 ans commence le temps de l'éducation. Les filles apprennent auprès de leur mère à s'occuper du foyer, même si des esclaves effectuent la plupart des tâches. Certaines, pourtant, apprennent à lire, à écrire et à compter avec les garçons. Les enfants vont à l'école si leurs parents ont les moyens de payer le maître. Seule une minorité poursuit des études au-delà de 12 ans.

Les enfants des familles les plus aisées sont instruits à la maison par un précepteur.

La naissance

Le nouveau-né est déposé aux pieds de son père. Celui-ci le reconnaît comme son enfant en le soulevant dans ses bras. S'il ne le fait pas, le bébé sera abandonné dans la rue et pourra être adopté par un citoyen n'ayant pas d'héritier ou être élevé pour devenir esclave. Le garçon reçoit un prénom quelques jours plus tard. La fille prendra uniquement le nom de son père. Ainsi, la fille de Cornelius s'appellera Cornelia. Dès ses premières semaines, l'enfant reçoit une *bulla*, un porte-bonheur qu'il portera pendant toute son enfance.

La bulla est un pendentif porte-bonheur que l'on accroche au cou des tout-petits afin de les protéger des mauvais esprits, des maladies… Les enfants cesseront de la porter à leur majorité pour les garçons et à leur mariage pour les filles.

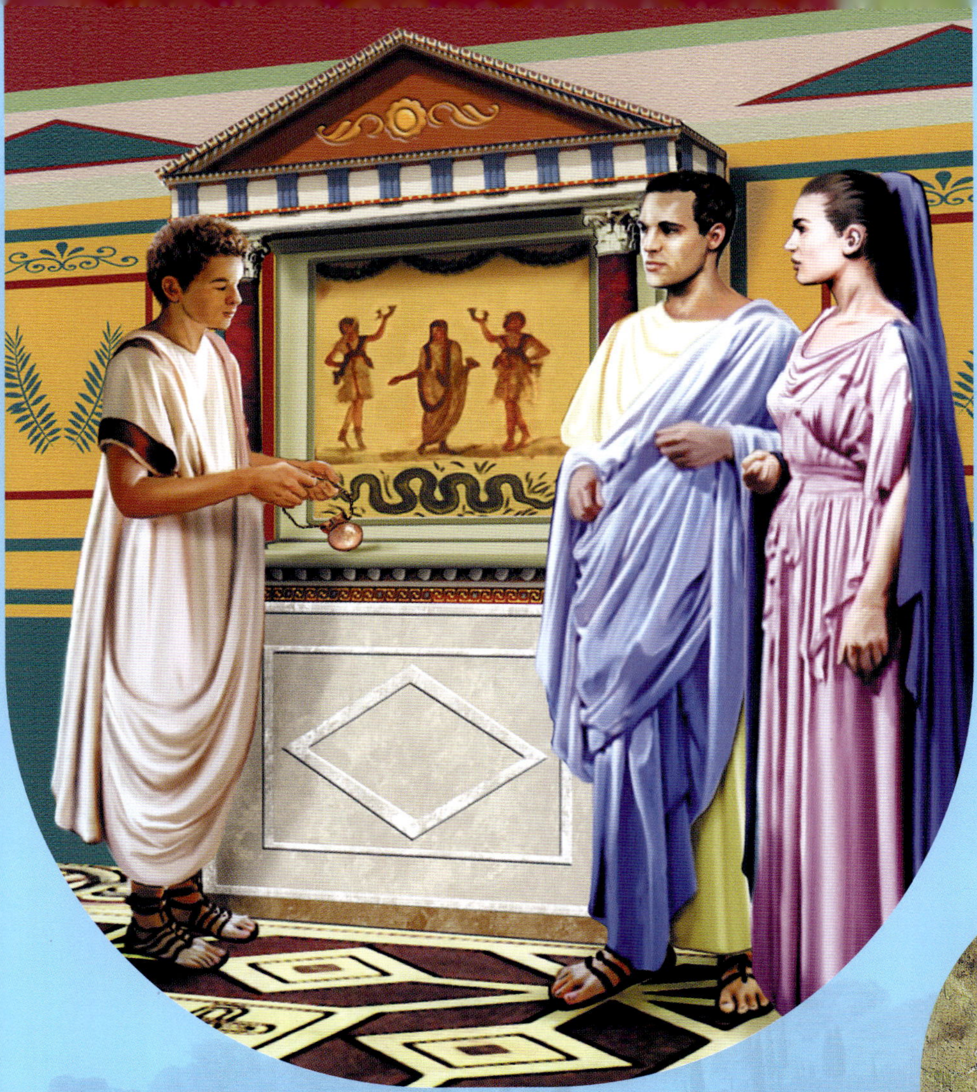

De nouveaux citoyens

Chaque année, le 17 mars, les citoyens romains célèbrent les jeunes garçons âgés de 17 ans, qui deviennent alors électeurs. Avant d'aller s'inscrire sur le registre de la tribu ou de la centurie à laquelle leur famille appartient, les jeunes gens offrent un sacrifice aux dieux de la maison et déposent sur l'autel familial leur *bulla* et leur toge d'enfant, bordée de pourpre. Ils porteront désormais la toge des adultes, toute blanche.

Le mariage

Les filles peuvent être mariées par leur famille dès 12 ans, les garçons dès 14 ans. Mais sous l'Empire les mentalités évoluent et les mariés se choisissent plus souvent. La veille du mariage, les deux familles se réunissent pour faire des sacrifices aux dieux. Le lendemain, l'union des deux époux est scellée devant dix témoins chez les parents de la jeune fille. Puis un banquet réunit famille et amis. Au terme du festin, l'époux fait semblant d'enlever son épouse pour la conduire chez lui, où il la présente aux dieux de sa nouvelle maison. Pour ses noces, la mariée revêt une longue chemise blanche, serrée par une ceinture, et se pare d'un châle ou d'un manteau de couleur safran. Un voile couvre ses cheveux relevés en chignon.

Portrait d'une Romaine au Ier siècle après J.-C.

LA PLACE DES FEMMES

La femme romaine est toujours sous l'autorité d'un homme : son père, son frère ou son mari. Mais elle n'est pas pour autant soumise. C'est elle qui gère la maison, commande aux esclaves. Sous l'Empire, elle obtient plus de droits ; les divorces deviennent plus fréquents. Bien qu'elles ne soient pas citoyennes, les femmes savent peser sur la vie politique en influençant leur époux ou même en manifestant sur le forum !

LES LOISIRS

Au fur et à mesure que l'Empire s'enrichit, les loisirs prennent une place de plus en plus importante dans la vie des citoyens romains. Quand ils ne passent pas l'après-midi aux thermes, beaucoup de Romains se rendent au cirque ou à l'amphithéâtre pour assister aux jeux offerts par leurs dirigeants. Ces jeux se déroulent à l'occasion de fêtes religieuses, toujours plus nombreuses : on en compte jusqu'à 175 par an sous l'Empire ! Les Romains aiment aussi les représentations théâtrales, dans lesquelles les acteurs jouent masqués.

Des spectacles cruels

Les jeux organisés dans les amphithéâtres sont des spectacles sanglants, qui deviennent particulièrement grandioses sous l'Empire. Les hommes qui descendent dans l'arène sont des condamnés, des esclaves qui espèrent gagner leur liberté grâce à leurs exploits, ou encore des citoyens épris de gloire. Le matin sont organisées des parades d'animaux exotiques ou des chasses. Ces dernières sont des combats entre bêtes sauvages que l'on a affamées ou même des affrontements entre ces animaux et des combattants armés de pieux.

Les jeux du cirque

Les cirques, tel le *Circus Maximus* (voir page 13), accueillent des défilés militaires mais aussi des épreuves sportives très suivies. Sur la piste ont lieu des courses à pied, des combats d'athlètes à mains nues (pugilats)... Mais les Romains s'y rendent surtout pour les courses de chars.

Les spectateurs parient avec fièvre sur l'une des quatre équipes d'auriges.

Les courses de chars

12 ou 24 chars, tirés par 2 ou 4 chevaux, parfois plus, doivent effectuer sept tours de piste. Leurs conducteurs, les auriges, des esclaves ou des hommes libres, sont admirés et peuvent devenir très riches. Mais les accrochages sont fréquents et peuvent être mortels.

Les combats de gladiateurs

L'après-midi, l'amphithéâtre accueille les terribles gladiateurs. Sous l'Empire, ce ne sont plus seulement des prisonniers ou des esclaves. Des hommes libres viennent aussi chercher la renommée dans l'arène. Tous sont formés dans des écoles de gladiateurs où on leur apprend à combattre jusqu'à la mort. Toutefois, avant de porter le coup fatal à son adversaire, le vainqueur attend la décision du public, et de l'empereur s'il est présent. Qu'une majorité de spectateurs agite des serviettes blanches et l'empereur accorde sa grâce. Mais, s'il tend sa main ouverte vers le vaincu, celui-ci sera tué. Le geste du pouce levé ou baissé semble n'avoir existé que dans les tableaux et les films.

Des dîners festifs

Après les thermes, les Romains prennent en fin d'après-midi leur seul véritable repas de la journée : la *cena*. C'est, pour les riches Romains, l'occasion de réunir amis et personnes de pouvoir autour de mets variés et raffinés. Musiciens, danseurs, poètes et comédiens viennent généralement divertir les convives, qui mangent allongés sur des banquettes. Appuyés sur leur coude gauche, ils prennent de la main droite les mets présentés en petits morceaux.

Un après-midi aux thermes

Sous l'Empire, les bains publics se transforment en véritables complexes de loisirs, les thermes, dont l'entrée est gratuite. À Rome, les thermes de Dioclétien, empereur de 284 à 305, peuvent accueillir 1 500 baigneurs ! Hommes et femmes (séparés à partir du IIe siècle) y transpirent dans les salles chaudes avant de passer dans les bains froids, se font masser, épiler, parfumer par des esclaves. Ils peuvent aussi s'adonner à la gymnastique ou aux jeux de balle dans un gymnase, discuter dans des salles de repos ou se promener dans de vastes jardins. Les thermes sont chauffés par le sol : des esclaves alimentent les foyers qui diffusent la chaleur dans l'établissement. D'autres foyers chauffent l'eau pour les bassins.

LES DIEUX

La religion tient un rôle très important dans la vie des Romains. Ils ne prennent pas de décision majeure sans s'assurer que les dieux leur sont favorables. Dans chaque maison se dresse un autel familial. Le père de famille veille tous les jours à y déposer des offrandes et à adresser des prières aux dieux du foyer afin qu'ils protègent ceux qui vivent sous son toit. Les Romains peuvent aussi communiquer avec les nombreux dieux par l'intermédiaire des prêtres, également responsables des grandes cérémonies religieuses publiques.

Jupiter

Comme Zeus chez les Grecs, Jupiter est le dieu des dieux. Il règne sur le ciel et contrôle la foudre. C'est pourquoi il brandit des éclairs dans une main et porte dans l'autre un sceptre couronné d'un aigle. Il est le protecteur de l'Empire romain.

DES DIEUX DE TOUTES ORIGINES

Les Romains vénèrent d'innombrables divinités qui contrôlent tous les domaines. Certaines sont d'origine étrusque, d'autres viennent d'Égypte ou d'Iran et sont venues s'ajouter à celles des Romains à la faveur des conquêtes. Mais la plupart des dieux et déesses romains ont été empruntés aux Grecs.

Neptune

Frère de Jupiter, Neptune était d'abord vénéré comme le dieu des Eaux douces, puis il a été assimilé à Poséidon, le dieu grec de la Mer. Avec son trident, il déclenche ou calme les tempêtes.

Junon

Junon est à la fois la sœur et l'épouse de Jupiter. C'est la reine du ciel et des dieux. Elle veille plus particulièrement sur les femmes. Elle protège le mariage, la maternité et les jeunes enfants.

Vénus

Tout aussi éblouissante qu'Apollon, Vénus est la déesse de la Beauté et de l'Amour. Elle a pour messager son fils Cupidon, par l'intermédiaire duquel elle fait naître de doux sentiments chez les humains.

Saturne

Saturne maîtrise le temps qui passe. Portant une faucille, il est aussi le dieu de la Fertilité, qui fait croître la végétation. On le fête à l'entrée de l'hiver, lors des Saturnales.

Minerve

Fille de Jupiter, elle est, avec celui-ci et Junon, l'une des trois principales divinités romaines. Déesse de la Sagesse symbolisée par la chouette qui l'accompagne, elle veille aussi sur les arts et sur la médecine, ainsi que sur les artisans. Les soldats romains l'ont adoptée comme protectrice.

Apollon

Ce très beau jeune homme, fils de Jupiter, est le dieu de la Lumière. Il se confond avec le soleil et éclaire le monde. Il a le pouvoir de guérir mais aussi celui de donner la mort à ceux qui commettent des fautes. Sa lyre indique qu'il est aussi le dieu de la Musique et plus largement des Arts.

Diane

Fille de Jupiter, Diane est la sœur jumelle d'Apollon et resplendit dans le ciel, la nuit, sous la forme de la lune. Sur Terre, elle est la reine des bois et la protectrice des animaux sauvages, bien qu'elle soit aussi la déesse de la Chasse.

Mercure

Reconnaissable à ses sandales et son casque ailés, Mercure est le messager des dieux. Il est aussi le dieu du Commerce et protège les marchands et les routes.

Mars

Mars était, chez les Étrusques, le dieu de la Végétation et de l'Agriculture. Puis les légions romaines se sont placées sous sa protection et il est devenu le dieu de la Guerre. Il est aussi considéré comme le père de Remus et Romulus (voir page 2).

Et aussi...

Cérès, déesse de la Terre et des Moissons ; Pluton, dieu des Enfers et du Royaume des morts ; Vulcain, dieu du Feu et des Forgerons ; Bacchus, dieu du Vin ; Janus, dieu aux deux visages, veillant sur le passé et le futur, et gardien de Rome...

LES PRÊTRES

Les prêtres sont responsables des temples dédiés aux différents dieux et des cérémonies religieuses publiques. Ils président aux offrandes de nourriture et aux sacrifices d'animaux visant à s'assurer la bienveillance des dieux. Ils accomplissent aussi les lustrations, une pratique consistant à déambuler, tout en priant, autour d'un lieu (monument, maison), d'individus ou d'objets (armes) pour attirer sur eux la protection divine.

Après avoir été égorgés selon des règles strictes, les animaux sacrifiés sont en partie brûlés. La fumée s'élève vers les dieux. Leurs entrailles sont étudiées par les haruspices, le reste revient aux prêtres.

LES AUGURES ET LES HARUSPICES

Certains prêtres sont spécialisés dans l'interprétation des signes divins. Les augures observent par exemple le vol des oiseaux ou l'appétit des poulets sacrés élevés près des temples. Ils peuvent être consultés lorsqu'il faut décider ou non d'entreprendre une bataille contre l'ennemi. Les haruspices, eux, « lisent » la volonté divine dans les entrailles des animaux sacrifiés.

TABLE DES MATIÈRES

ROME, ENTRE LÉGENDE ET HISTOIRE **2**

LA RÉPUBLIQUE **4**

L'EMPIRE **6**

UNE ARMÉE CONQUÉRANTE **8**

L'EMPIRE ET SES RICHESSES **10**

DES BÂTISSEURS **12**

L'AGRICULTURE **14**

HABITER EN VILLE **16**

LA FAMILLE **18**

LES LOISIRS **20**

LES DIEUX **22**

57, rue Gaston Tessier, CS 50061, 75166 Paris Cedex 19
www.fleuruseditions.com
Direction : Guillaume Arnaud
Direction éditoriale : Emmanuelle Braine Bonnaire
Conception de la collection : Émilie Beaumont et Jack Delaroche
Édition : Amandine Doubre
Conception graphique : Éric Laurin sous la direction de création de Élisabeth Hébert
Direction artistique : Bleuenn Auffret, assistée de Julien Di Giorgio
Mise en page : Graph'M
Direction de fabrication : Thierry Dubus
Fabrication : Axelle Hosten

Loi n° 49-956 du 16 juillet 1949 sur les publications destinées
à la jeunesse, modifiée par la Loi n° 2011-525 du 17 mai 2011.
Dépôt légal : mai 2020
3e édition - N° d'édition : J20119
ISBN : 978-2-2151-7476-9 • MDS : 261602N2
Achevé d'imprimer en avril 2020 en Italie
Par LEGO S.p.A par l'intermédiaire d'Ercom

IMPRIM'VERT®

Certifié PEFC
Ce produit est issu de forêts gérées durablement et de sources contrôlées
PEFC
PEFC/18-31-280
www.pefc-france.org